SENNE
0.830

Véritable Portrait de DESRUES.

VIE PRIVÉE
ET CRIMINELLE
D'ANTOINE-FRANÇOIS
DESRUES;

Contenant les particularités de sa jeunesse, ses mauvaises inclinations, son insigne Hypocrisie; & le détail des Manœuvres abominables & des Crimes atroces commis, de dessein prémédité, par ce Scélérat, envers la Dame DE LAMOTTE *& son Fils.*

Homo loquitur, cœlum disponit.

A PARIS,

Chez CAILLEAU, Imprimeur-Libraire,
rue Saint-Severin.

M. DCC. LXXVII.
Avec Approbation & Permission.

VIE PRIVÉE
ET CRIMINELLE
D'ANTOINE-FRANÇOIS
DESRUES,

Ci-devant Marchand Epicier, rue Saint-Victor.

L'INFÂME passion d'accumuler des richesses nous porte à toutes sortes de déréglemens, de sorte que l'homme qui en est attaqué ne fait aucun pas qui ne tente à sa perte. Cette indigne passion efface en son cœur tous les nobles sentimens de la nature humaine. Les crimes les plus atroces ne lui coutent rien : Religion, Parens, Amis, il sacrifie tout pour parvenir à ses fins détestables. De pareils monstres ne devroient-ils pas être étouffés dès leur naissance ? & si le Ciel permet pour un tems leur existence, c'est sans doute pour avertir les hommes assez pusillanimes pour s'abandonner à leur foiblesse, de se corriger de leurs vices, en les rendant témoins des peines & des tortures qui terminent la vie de ces scélérats, dont les forfaits énormes nous remplissent d'épouvante.

Les punitions exemplaires, tant de fois réitérées, & dont nous ne sommes que trop souvent les tristes spectateurs, ne feront donc jamais assez d'impression sur le cœur des hommes, pour les détourner de leurs affreux desseins ? Il n'est donc point de supplices assez effrayans pour contenir l'homme effréné, & l'arrêter au bord de l'abîme dans lequel il se précipite par l'atrocité de ses attentats ! Presque toutes les passions attachées à l'humanité, telles que le vin, l'amour, le jeu, l'ambition, ne nous conduisent qu'à une mauvaise fin. Les plus grands désordres doivent toujours leur naissance à l'une de ces dangereuses passions. Il y a tout lieu de croire que la cupidité des richesses dominoit entierement *Antoine-François* DESRUES, né à Chartres, en Beauce, de parens honnêtes, connus depuis longtems dans le Commerce.

Il perdit ses pere & mere à l'âge de trois ans : deux de ses cousins se chargerent de lui dans son enfance. Il montroit déja, à cet âge où l'homme a peine à se connoître, des inclinations vicieuses. Ses cousins s'appercevant qu'il leur voloit de l'argent, tantôt vingt-quatre sols, tantôt trois livres, &c. le surprirent un jour, *in flagrante delicto*, ils le lierent par les pieds du haut en bas & le fustigerent de façon à l'en faire ressouvenir. Pendant cette correction, il crioit *au guet, à la garde, on m'assas-*

fine : mais lorsqu'on l'eut délié, voyant ses cousins essoufflés ; il eut l'audace de leur dire en ricanant : *eh bien ! vous êtes bien plus las & fatigués que je ne le suis.* Lorsqu'ils virent ne pouvoir rien faire de leur jeune parent, ils le renvoyerent à Chartres, chez deux cousines qui voulurent bien prendre soin de son éducation. Elles l'éleverent dans les sentimens de la plus grande piété. Si elles avoient jetté un œil attentif sur ses inclinations naissantes, elles auroient découvert & peut-être étouffé le germe monstrueux qui annonçoit en ce jeune homme * le scélérat le plus infernal. Elles le corrigeoient cependant de ses fredaines, & se servoient souvent, pour le frapper, de latte qu'elles cassoient sur

---

* On assure que ce monstre a été élevé comme une fille jusqu'à l'âge de douze ans, où des remedes qu'on lui administra lui procurerent le caractère distinctif du sexe masculin ; si cela est, il sembleroit que les deux sexes vouloient également le rejetter de leur classe.

ſes épaules, ce qui étoit pour *Desrues* un ſujet de joie, leur diſant : *elle eſt caſſée, j'en ſuis bien aiſe; il vous en coûtera deux liards :* à chaque correction qu'on lui donnoit, c'étoit mêmes paroles. Pour s'en débarraſſer, elle prirent le parti de l'envoyer aux Ecoles Chrétiennes. Un jour qu'il revenoit de l'école avec tous ſes camarades; ils ſe propoſerent de jouer enſemble *au voleur :* pour cet effet ils ſe ſéparèrent en deux bandes égales; l'une pour faire les fonctions d'archers, & l'autre pour faire les voleurs : un de ceux-ci ayant été arrêté par les archers, dont *Desrues* étoit du nombre, on lui fait ſon procès, il eſt condamné d'être pendu; ils l'emmenent à cet effet, lui lient les mains, & le pendent effectivement à un arbre; l'enfant fit un cri perçant, ils n'eurent que le tems de le décrocher : on le rapporta chez ſes parens, où il mourut : *Desrues*, lui-même contoit cette Anecdote de ſa jeuneſſe comme une proueſſe.

Parvenu à l'âge de puberté, cet enfant étant incorrigible & ne se décidant à rien ; sa famille résolut de l'envoyer à Paris pour apprendre l'Epicerie : on le plaça en conséquence, comme apprentif, chez un Epicier, rue Comtesse d'Artois, chez lequel il fit même quelques vols, mais de très-peu de valeur. Son maître le plaça au sortir de chez lui, 1767, chez sa belle-sœur, Epiciere, rue Saint-Victor veuve depuis quelques années : c'est dans cette maison, où ce monstre a fait voir jusqu'à quel point on pouvoit porter l'hypocrisie. Il demanda en y entrant un Confesseur ; sa maitresse crut devoir lui indiquer celui de feu son mari. (le Pere *Cartault*, Carme). Ce Religieux étoit si édifié de *Desrues*, qu'il ne manquoit pas, chaque fois qu'il passoit rue Saint-Victor, d'entrer chez cette veuve & de la féliciter de l'excellent sujet qu'elle avoit chez elle, & de lui dire, que ce seroit la bénédiction de sa maison. *Desrues* portoit l'hypocrisie à un si grand excès, qu'il pria sa maitresse de louer un banc à la Paroisse de Saint-Nicolas, dût-il en payer la moitié, afin d'entendre, disoit-il, plus commodément l'Office divin, ses jours de sortie; à quoi sa maitresse consentit, édifiée, comme les voisins & les voisines, des mœurs de ce jeune homme. Cette honnête femme, qui existe, attestera même à qui voudra l'entendre, que *Desrues* étoit si religieux dans sa dévotion, qu'il coucha pendant un Carême sur la paille, ce dont elle a été témoin. Une de ses sœurs, Novice au Couvent de Saint-Marie à Chârtres, devoit faire Profession une des Fêtes de Pâques. Ayant demandé la permission à sa maitresse d'y aller, il résolut de partir à pied le *Vendredi Saint*. Le matin on voulut lui faire prendre un verre de liqueur ou de vin, ainsi que de manger un morceau, avant que de partir : *comment*, s'écria-t-il, *déjeuner un jour comme celui-ci, où Jesus-Christ est mort! je m'en garderai bien, je vais seulement prendre un morceau de pain, auquel je ne toucherai que ce soir à l'Auberge où je passerai la nuit, mon intention étant de faire le chemin à jeun !* Toutes ces apparences de la plus grande piété lui donnerent toute la confiance de sa maitresse. C'étoit ce qu'il desiroit.

Son frere vînt un jour le voir; il le reçut, & pria sa maitresse de permettre qu'il restât à Paris quelques jours avec lui; elle lui accorda. *Desrues* la veille du départ de son frere, fouilla dans ses hardes, & trouvant deux bonnets de coton neufs, il traita son frere d'infame, de voleur, qu'il avoit sûrement pris, dans le comptoir de sa maitresse, l'argent avec lequel il avoit acheté ces bonnets, qu'ils coûtoient au moins 3 liv. 12 sols, & qu'il vouloit restituer; ce qu'il fit sur le champ. Que peut-on penser d'un monstre semblable?

Après avoir resté près de 3 ans au service de cette Veuve, il se trouva en état d'en acquérir le fonds, vers le mois de Février 1770. Au mois d'Août suivant, il fut reçu Marchand Epicier, âgé pour lors de 25 ans & demi. Il s'obligea, par un accord fait avec sa maitresse, de la loger pendant le restant de son bail qui étoit de neuf ans; mais les mauvaises façons dont il en usa envers elle, lui firent préferer un grenier ailleurs & le payer, à la chambre qu'elle occupoit chez lui *gratis*. Dans ces entrefaites, on vola à un ex-Jésuite qui logeoit dans la maison de *Desrues*, 79 louis d'or, dont il fut violemment soupçonné. Un de ses oncles, Marchand de Farine, ayant coutume de venir tous les trois mois à Paris pour compter avec ses Marchands, se trouva volé de douze-cent livres, qu'on lui prit dans une commode. L'Aubergiste assura qu'il n'y avoit que son neveu à qui il avoit donné les clefs de cette chambre, un moment après le départ de son oncle. Qui se méfieroit d'un homme qui ne prêchoit que la parole de Dieu ? *Desrues* eut encore l'audace d'aller chez un Commissaire, avec son oncle, pour faire les perquisitions nécessaires; on trouva le dessus de la commode enlevé; mais tous les soupçons ne tomberent que sur lui. Il a porté la fripponnerie à son comble. Par l'accord qu'il fit avec sa maîtresse, lors de la vente de son fonds, *Desrues* lui redevoit environ douze-cent livres. Que fait-il? en un clin-d'œil il la paye, il déchire cet accord. Sa maîtresse indignée de cette action, le menace de faire sa plainte, de le faire assigner... Que répond-il? Qu'il ne lui doit rien; qu'il en fera Serment en Justice & qu'il sera crû. Cette femme ne peut pas encore revenir de la surprise où cette dernière action de *Desrues* l'a jettée: elle ne pût s'empêcher de lui dire; *Malheureux! Dieu veuille à ton ame donner pardon; mais ton corps aura Montfaucon*: ce qu'elle lui a répété plusieurs fois.

A peine ce misérable fut-il établi sur les débris de la fortune de cette veuve & de ses orphelins, (sa maîtresse ayant quatre enfans) qu'il entreprend le Commerce en gros. Un Epicier de Province lui envoye un millier de miel en barils, pour les vendre pour son compte. Deux ou trois mois après il lui en demande des nouvelles; il répond, qu'il ne peut en rien faire : il se passe encore deux mois, même réponse : enfin l'année expirée, le Marchand, à qui ce miel appartenoit, vient à Paris pour le vendre lui-même. Il va chez *Desrues* & trouve cinq-cent pesant de moins : il veut les compter à *Desrues* qui nia en avoir reçu davantage. Autre mauvaise-foi de ce scélérat. Il loue la maison d'un Marchand de vin, son voisin, qui l'occupoit depuis sept à huit ans, & dont il exigea, s'il vouloit y rester, six-cent liv. de pot-de-vin. Quoique cette somme parut exhorbitante au Marchand de vin, réflexion faite, il la lui donna, aimant mieux perdre cette somme, que de déménager, d'autant plus qu'il avoit fait sa maison & qu'elle étoit bien accréditée : mais la Providence permit qu'il n'en profita pas long-tems. Ce Marchand de vin avoit chez lui un jeune homme de famille ; celui-ci étant allé chez *Desrues* pour y acheter quelques marchandises, s'amusa, pendant qu'on le servoit, à écrire son nom sur du papier qui étoit sur le comptoir, & qu'il laissa sans y faire attention au pouvoir de *Desrues*, qui, à l'instant, fit une lettre de change de 2000 liv. à son ordre, payable à sa majorité ; il savoit que ce jeune homme avoit du bien à recevoir. Cette Lettre de Change, dans le Commerce, parvint à son échéance au Marchand de vin. Celui-ci étonné, fit appeler son Pensionnaire, qui resta interdit à la vue de cette lettre dont il n'avoit aucun connoissance ; cependant il reconnut sa signature. On examine de plus près l'écriture, c'est celle de *Desrues* ; le Marchand de vin l'envoye chercher ; il vient ; on lui présente la lettre de change ; il ne peut nier qu'il l'a remplie de sa main ; on le menace d'aller la déposer chez un Commissaire, s'il ne rembourse les six-cent livres qu'il a exigé de pot-de-vin. *Desrues*, qui alloit se marier, craignant que cette affaire ne fit du bruit, aima mieux restituer cet argent; & la lettre de change fut déchirée à ses yeux comme il l'avoit exigé.

Il y auroit encore mille choses à dire sur le compte de cet infame que le papier pourroit bien souffrir, mais que la décence ne nous permet pas d'écrire : il suffit de dire que s'il eut été jugé à avoir la langue percée, il y a six ans, il n'auroit point perdu de réputation beaucoup d'honnêtes gens qu'il a deshonorés par ses odieuses calomnies. Deux ans après son établissement, en 1772, il épousa *Marie-Louise Nicolais*, âgée alors de 25 ans, fille d'un Bourrelier de Melun, où elle est née, & dont il eut deux enfans en bas-âge, des deux sexes.

Pour avoir une idée de ce monstre abominable; que l'on se représente la plus foible constitution, une très-petite taille, (environ cinq pieds,) un visage allongé mais pâle, délicat & maigre; le rire *d'un animal feroce*, la bouche enfoncée, le regard perfide; en un mot, tout ce qui annonce un scélérat, qui, convaincu de la foiblesse de ses organes, & craignant d'exposer sa vie en commettant le crime à main armée, a recours à l'artifice & à la trahison: mais ses yeux ronds, creux & perçans trahissoient, en quelque sorte, la perversité de son âme; c'étoit un tigre rusé auquel il ne manquoit que la force du lion. Il parloit d'un ton affectueux, & se paroit dans ses gestes comme dans ses expressions, de la candeur & de la simplicité. De son aveu, il savoit se pénétrer du caractere des diverses personnes qui l'approchoient. Lorsqu'il étoit Epicier, il contrefaisoit l'homme du peuple avec le Crocheteur qui venoit lui demander de l'eau-de-vie, & l'honnête Bourgeois avec le Négociant que les relations de Commerce amenoient

amenoient chez lui. Il s'étoit fur-tout fortement attaché à fe couvrir du mafque hypocrite de la fauffe dévotion, toujours entouré de Livres de piété, ne parlant que de la Religion, de Dieu, des Saints, du Paradis, & ofant, par un abus des plus facriléges, participer fouvent à nos Saints Myftères. (On prétend que le jour que le jeune *de Lamotte* fit fa premiere Communion, il s'approcha de la Sainte Table, difant, que fon action de communier avec ce jeune homme feroit pour lui une fource de graces & de bénédictions.) *Desrues*, comme il eft aifé de le voir, s'étoit fait un plan combiné des plus horribles forfaits; la foif infatiable des richeffes le dévoroit, & dans fon fyftême il fe permettoit tout pour arriver à la fortune, c'étoit fon unique ambition. Il avoit fait l'effai de fa cupidité par trois banqueroutes confécutives & frauduleufes, qui toutes trois avoient parues naître de malheureureufes circonftances : une fois il avoit

B

mis lui-même le feu à son magasin d'épicerie dans sa cave, & ses créanciers s'étoient montrés les premiers à le plaindre & à lui offrir des secours. Il excitoit d'autant plus leur sensibilité qu'on ne pouvoit, ce qu'il répétoit souvent, lui reprocher aucun des vices qui dégradent la plûpart des hommes, le jeu, le vin & les femmes. Il avoit renoncé au détail de son Commerce, & occupoit un appartement assez étendu dans une maison rue Beaubourg, où il s'occupoit à faire la Commission. Il paroît qu'il avoit mis l'Usure au nombre des moyens de s'enrichir. Une infinité de témoins ont déposé qu'il achetoit des Procès, des Maisons, des Terres, * qu'il faisoit en

---

* Il y a trois ans que *Desrues* avoit acheté une Maison à Ruel, près de Nanterre. L'Acte de vente se fit chez un Notaire, rue Saint-Martin : lorsqu'il prit possession de cette Maison, il fit entendre à celui de qui il la tenoit, qu'il avoit réservé une chambre pour lui, mais celui-ci ne put heureusement profiter de ses offres. *Desrues*

un mot ce qu'on appelle des *affaires*, & toujours sous ce maintien d'honnête-homme, déguisement qui sçait si bien en imposer, lorsqu'on se couvre surtout du voile de la Religion ! C'est ici où *Desrues* va mettre en jeu tous les ressorts de son imagination vraiment diabolique. Le hazard, qui sembloit servir ses exécrables desseins, lui fait, en 1775, lier connoissance avec les sieur & Dame *de Saint-Fauft de Lamotte*, Ecuyer de la grande Ecurie du Roi, sieur de Grange-Flandre, Valprofonde & autres lieux, & propriétaire d'une Terre seigneuriale appellée *le Buisson-Souëf*, près de Villeneuve-le-Roi-lès-Sens, relativement à l'acquisition que *Desrues* & sa femme parurent avoir dessein de faire de cette Terre. M. *de Lamotte* avoit coutume de passer la plus grande partie de

---

ne payant point, fut poursuivi ; il en coûta enfin près de mille écus au Propriétaire pour rentrer dans sa Maison.

l'année dans sa terre de *Buisson-Souëf* avec *Marie-Françoise Perrier* sa femme, & un fils unique; *Desrues* s'insinue dans les bonnes graces du possesseur & de son épouse, prodigue des caresses à l'enfant & parvient non-seulement à se concilier leur amitié, mais il inspire les mêmes sentimens d'estime & de confiance à tous ceux qui composoient la société de M. & Madame *de Lamotte*. Il n'y avoit pas jusqu'aux Ecclésiastiques qu'il ne séduisît & qui ne fissent l'éloge de cet hypocrite. Ils le prônoient comme un modele de vertu *Desrues* opposoit la pudeur de la modestie la plus grande à ces louanges, & il ne perdoit pas de vue sa proie. Tous ses regards, toute son ame s'attachoient sur un bien qu'il brûloit d'envahir: il amene M. *de Lamotte* au point de vouloir se défaire de sa terre. Il se présente un acquéreur, & c'est *Desrues* & sa femme: ils firent en effet cette acquisition par acte sous signature privée, le 22 Décembre 1775. Il fut convenu entre les parties, que le paiement de la vente de ladite Terre, montant à 130,000 livres environ, seroit effectué en 1776. Mais à cette époque *Desrues* & sa femme se trouverent dans l'impossibilité de satisfaire à leurs engagemens, & demanderent de nouveaux délais, qui leur furent accordés. Cette impuissance de payer s'étend généralement sur toutes leurs affaires. Dans cet intervale, c'est-à-dire vers le milieu de 1776, *Desrues*, pressé & poursuivi judiciairement par une multitude de créanciers, prit le parti, pour se soustraire aux contraintes par corps, & à la détention dont il étoit menacé, de se réfugier chez les sieur & Dame *de Lamotte*, à ladite Terre de *Buisson-Souëf*, où il resta depuis la Pentecôte de ladite année, jusques vers la fin de Novembre suivant, avec sa famille. Ils vécurent aux dépens des sieur & Dame *de Lamotte*.

Desrues partit enfin de *Buisson-Souëf*

pour revenir à Paris, faisant entendre aux sieur & Dame *de Lamotte*, inquiets de la confection de cette affaire, qu'il alloit faire des recouvremens de sommes considérables qui devoient incessamment lui rentrer, & de la liquidation de la succession du sieur *Despeignes Duplessis*, parent de sa femme, assassiné dans son Château, près de Beauvais, il y a cinq à six ans; & dont *Desrues* est violemment soupçonné d'avoir été le meurtrier, * ce qui, suivant *Desrues*, le mettroit en état de faire honneur à ses engagemens.

Cette promesse n'ayant pas son effet, & les sieur & Dame *de Lamotte*, plus impatients que jamais de voir la fin de cette affaire, prirent le parti de terminer avec *Desrues*, soit en effectuant par lui le paiement, soit en annullant l'acte sous seing-privé ; à l'effet de quoi

---

* Il est vrai-semblable que l'on ne commet pas des crimes si atroces sans s'être familiarisé avec d'autres forfaits.

le sieur *de Lamotte*, qui ne pouvoit quitter cette Terre, y étant retenu par des travaux qu'il y faisoit faire, fonda son épouse de procuration pour traiter avec *Desrues*.

Munie de cette procuration, la Dame *de Lamotte* partit de ladite Terre, accompagnée du sieur *de Lamotte* son fils, jeune homme âgé de dix-sept ans ou environ, pour se rendre à Paris par le Coche d'eau de Montereau, & arriva le Lundi 16 Décembre 1776 dans cette Ville. *Desrues*, prévenu par une Lettre du sieur *de Lamotte* pere, de l'arrivée de son épouse, & du sujet de son voyage, alla au Port Saint-Paul, au-devant de ladite Dame *de Lamotte*, & l'engagea à descendre chez lui, & à y loger; ce que, malheureusement, elle accepta. Y auroit-il des pressentimens qui seroient la voix du Ciel ? Cette Dame s'obstinoit, sans trop en pénétrer la cause, à rejetter tous les témoignages d'amitié du perfide : elle étoit décidée à prendre une chambre dans un Hôtel garni, où elle étoit déja descendue plusieurs fois. Par une fatalité inconcevable cette chambre se trouve occupée, ainsi que d'autres appartemens que la Dame *de Lamotte* alla voir dans d'autres Hôtels. Enfin sa fatale destinée l'emporta: elle a le malheur de céder à l'invitation du scélérat. Le jeune *de Lamotte* logea également chez *Desrues* jusqu'au 15 Janvier 1777, qu'il fut placé par la Dame sa mère dans une pension, rue de l'Homme-Armé, au Marais, près de l'Hôtel de Soubise.

Dès l'époque du 16 Décembre 1776, *Desrues* avoit sans doute formé le dessein abominable qu'il a depuis exécuté, afin de s'approprier, sans bourse délier, ladite Terre de *Buisson-Souëf*, * puisqu'on prétend qu'à cette époque il loua, rue de la Mortellerie, la cave qui, depuis, a servi à cacher le cadavre de

---

* *Souëf*, ce mot est composé du Latin *Suavis*.

la

la Dame *de Lamotte*, & que, dès les premiers jours que cette malheureuse Dame & son fils logerent chez lui, leur santé se trouva considérablement altérée.

La Dame *de Lamotte* se plaignoit continuellement de foiblesse d'estomac, quoiqu'avant elle jouissoit de la santé la plus parfaite, étant d'une complexion robuste. Son fils se plaignant aussi d'être incommodé par les alimens qu'il prenoit, il y a lieu de croire que *Desrues*, pour parvenir à ses fins, s'étoit servi de drogues malfaisantes, ou même de poison lent, & que ce monstre avoit fait l'essai de ses poisons sur ces deux infortunés, la santé de la mere & du fils dépérissant à vue d'œil. Mais enfin pressé par les instances de Madame *de Lamotte* de finir l'affaire de manière ou d'autre, d'autant plus que cette Dame se trouvoit tous les jours de plus en plus indisposée & qu'elle désiroit retourner promptement à *Buisson-Souëf* pour se rétablir, il prépara, le 30 Janvier 1777, pour se défaire de ladite

Dame, une médecine qu'il composa lui-même, & qu'il fit donner par sa servante à la dame *de Lamotte*, le lendemain à six heures du matin. Cette Dame, qui connoissoit *Desrues* pour avoir été Epicier-Droguiste, le consultoit sur son état de langueur; & celui-ci tranchant du Pharmacien, ne manqua pas de lui dire qu'il croyoit qu'une médecine lui seroit nécessaire. Pouvoit-elle soupçonner celui chez qui elle logeoit du moindre attentat? lui qui ne lui parloit qu'avec la plus grande affection, & de qui elle recevoit, ainsi que de sa femme, les plus grandes politesses : d'ailleurs la piété dont il faisoit parade en sa présence, augmentoit encore sa confiance : elle n'avoit point manqué d'écrire à son mari, depuis son séjour chez *Desrues*, les amitiés & les attentions particulieres que *Desrues* & sa femme ne cessoient d'avoir pour elle & son fils, & dont elle ne savoit même comment lui témoigner sa reconnoissance. Quel Hôte! quel bienfaiteur ! Une heure ou deux après que la Dame *de Lamotte* eût pris cette fatale médecine, la servante qui la lui avoit donnée, vint dire à son maître, que ladite Dame *de Lamotte* dormoit si profondément, qu'elle ronfloit & qu'elle croyoit qu'il falloit la réveiller pour que la médecine fît son effet. *Desrues* s'y opposa, en disant que la médecine sauroit bien retirer de son assoupissement la Dame *de Lamotte* lorsqu'il faudroit qu'elle la rendît; & voyant que ce que sa servante prenoit pour un ronflement étoit le râle qu'avoit la Dame *de Lamotte*, il prit la précaution de l'envoyer à la campagne, avec ordre de ne revenir que le Lundi trois Février suivant, & d'écarter de la chambre, où étoit couchée la dame *de Lamotte*, les personnes qui desiroient la voir ; que la suite de cette médecine & de quelqu'autre breuvage qu'il lui donna dans la journée, eut l'effet le plus funeste, puisque la Dame *de Lamotte* mourut le soir du même jour 31 Janvier. Ledit *Desrues* tint cette mort violente secrette, mit le cadavre de la dame *de Lamotte*, le Samedi premier Février, dans une malle qu'il avoit achetée exprès, & l'ayant fait charger sur une voiture à bras, il la fit transporter, vers dix heures du matin, au Louvre, * chez la Dame *Mou-*

(*) On raconte qu'au moment où *Desrues* faisoit charger, dans la charrette à bras, la Malle où étoit renfermé le Cadavre de la Dame *de la Motte*, un de ses Créanciers passa, qui, croyant que son Débiteur détournoit des meubles saisis par lui, l'apostropha très-durement, en le traitant de fripon & de coquin, & le menaça de faire arrêter la marchandise qu'il emportoit de chez lui, à moins qu'il ne le payât sur le champ. *Desrues*, quoiqu'un peu déconcerté, lui représenta, que ce qu'il faisoit charger étoit des Vins de liqueurs qu'il avoit vendus & qu'il alloit livrer du côté du Louvre ; que son intention n'étoit point de lui faire tort, & qu'aussi-tôt l'argent reçu, il lui promettoit, foi d'honnête-homme, de lui porter, le lendemain, soit un à compte, soit la totalité, le suppliant de ne point lui

chy, & ne la trouvant point chez elle, il la déposa dans un attelier de Menuisier de sa connoissance, où, pour qu'on la lui gardât, il prétexta un voyage qu'il alloit faire, & avoir oublié quelque chose chez lui qu'il alloit chercher; que dans trois heures il viendroit la reprendre; mais elle y resta deux jours, au bout desquels il la fit transporter rue de la Mortellerie, dans la cave dont il a été parlé ci-dessus, qu'il avoit louée sous le faux nom de *Ducoudrai*, & dont il ne reçut les clefs que ledit jour, disant

---

faire manquer cette occasion favorable. Le Créancier que, ses affaires appelloient ailleurs, se rendit à la priere de *Desrues* & se retira, en lui recommandant d'être exact à ce qu'il lui promettoit. O Dieu ! pourquoi n'avoir pas permis que le crime de ce scélérat fut découvert dès ce moment ! ce monstre abominable ne commettoit pas un second forfait, & le sieur *de la Motte fils*, ce malheureux jeune-homme, existeroit encore ! Mais ce n'est pas à nous, foibles mortels, à pénétrer tes divins Décrets.

en avoir besoin pour y mettre des vins fins, s'annonçant pour un Marchand de vin de Province : il y fit enterrer, sous ses yeux, le cadavre de la dame *de Lamotte*, la face tournée contre terre, dans une fosse pratiquée dans une espèce de caveau situé sous l'escalier, à la profondeur de quatre pieds.

Il s'étoit d'abord servi d'un Manœuvre pour faire cette fosse, qu'il alla chercher place de Grève, à qui il commanda de la faire de trois pieds de profondeur sur cinq de longueur & deux de largeur, ce que celui-ci exécuta : mais *Desrues* réfléchissant sur le peu de profondeur de cette fosse, (ce scélérat avoit sûrement le dessein d'y enterrer aussi les autres victimes qu'il vouloit sacrifier à sa cupidité,) il courut au même endroit, pour reconnoître le même homme ; mais ne le trouvant plus, il prit un *Maçon* qu'il trouva sans ouvrage, & le conduisit dans la cave, en lui disant d'achever de creuser cette fosse qu'il désiroit être de cinq pieds de profondeur. Ce *Maçon* se mit à l'ouvrage ; en travaillant, il s'avisa de demander à *Desrues*, à quoi il destinoit un si grand trou ; *Desrues* lui dit, que c'étoit pour y mettre du vin en bouteille qui étoit dans la malle qu'il lui fit voir, afin de le conserver. Le *Maçon*, étonné que l'on fit une fosse si profonde pour y mettre du vin, repliqua que c'étoit la premiere fois qu'il entendoit parler d'une pareille recette ; qu'il ne croyoit pas que ça donnât beaucoup de vertu au vin que l'on enterroit ainsi : *Tu ne sçais que cela*, répartit *Desrues*, avec dérision ; *apprends, mon ami, que le vin le plus nouveau, enterré ainsi pendant un an seulement, à quatre ou cinq pieds dans terre, acquiert le mérite du vin le plus vieux.* Ces paroles parurent satisfaire le *Maçon*. Ayant achevé sa besogne, *Desrues* le pria de lui prêter la main pour approcher la malle près de la fosse, *afin*, dit-il, *d'avoir moins de peine à prendre les bouteilles &*

les arranger plus à son aise, à quoi celui-ci se prêta volontiers; mais s'étant approché pour prendre cette malle, la mauvaise odeur qui s'en exhaloit, lui fit lâcher prise; il recula même, en observant à *Desrues* que ce qui étoit dans cette malle sentoit trop mauvais pour être du vin. *Desrues*, pour couvrir sa fourberie, voulut lui faire accroire que cette odeur infecte provenoit d'une latrine qui étoit sous cette cave & dont il lui montra le tuyau. Le *Maçon* réfléchissant que cela pouvoit être, se mit en posture de reprendre la malle, mais la puanteur excessive l'infectant trop violemment, & se doutant de quelque chose, il refusa net à *Desrues* son ministere, & lui dit qu'il ne lui persuaderoit jamais que cette malle renfermât du vin; que cette odeur provenoit plutôt d'une charogne pourrie, & qu'il ne le croiroit pas, à moins qu'il ne lui fit l'ouverture de cette malle. Ce que voyant ce scélérat, il se jetta aux genoux du *Maçon*, lui raconta qu'à la vérité ce n'étoit point du vin qui étoit dans cette malle ; mais le cadavre d'une femme avec qui il étoit venu à Paris, & qui pour son malheur étoit morte subitement dans la chambre ou elle étoit venue le voir : qu'il étoit de Province, & que la crainte qu'il avoit eu d'être soupçonné de l'avoir assassinée, lui avoit fait prendre le parti de tenir sa mort secrete, & de l'enterrer dans cette cave. Il se mit en suite à sanglotter, à prendre Dieu & les Saints à témoins de sa probité ; & pour achever de convaincre le *Maçon* de ce qu'il osoit lui avouer ; il lui montra le livre de Prieres qu'il tenoit, où étoient les sept Pseaumes de la Pénitence, qu'il lisoit, disoit-il, tandis qu'il travailloit. Il ouvrit ensuite la malle, fit voir que le cadavre qui y étoit renfermé n'avoit pas la moindre égratignure & étoit sans aucune apparence de meurtrissures. Il tira ensuite de sa poche deux louis d'or qu'il présenta au *Maçon*, tant pour l'engager au silence que pour l'aider à mettre dans la fosse ce cadavre : lui disant qu'eux seuls avoient connoissance de ce malheureux évenement & que jamais il ne transpireroit. Le *Maçon* touché & attendri par les pleurs de *Desrues*, & son apparence de candeur & de religion, se laissa fléchir, & voulut bien aider ce monstre odieux à enterrer le corps de la Dame *de Lamotte*. *Desrues* content de sa manœuvre, retourne chez lui. Il lui restoit encore deux victimes à sacrifier pour jouir du fruit de ses forfaits.

Le crime n'a pas toujours cette tranquillité apparente qui est le comble de l'audace. Ce qui suit en est une preuve convaincante. Vers le tems, à peu près, que la Dame *de Lamotte* disparut, arrive à la maison où *Desrues* occupoit un appartement, une Demoiselle qui étoit de son pays, & dont il faisoit les affaires. Elle lui avoit remis quelques Contrats entre les mains pour en recevoir les rentes à la Ville. Ses amis lui insinuent des doutes sur la probité de *Desrues*. Elle est enfin déterminée à lui retirer ses papiers; elle lui en écrit même. *Desrues* répond, par une lettre, qu'il lui rendra ce dépôt tel jour qu'il lui indique. La Demoiselle se présente au jour marqué. On observera que *Desrues* avoit expressément défendu au Portier de la maison, de ne laisser entrer personne ce jour-là chez lui; prétextant qu'il avoit des ballots à faire & des arrangemens relatifs aux commissions dont il étoit chargé & qu'il vouloit terminer. Le Portier refusoit donc constament l'entrée à la Demoiselle; cependant après beaucoup d'instances employées, elle monte à l'appartement de *Desrues*, heurte à sa porte; on ne répond point; elle redouble: elle entend une voix foible qui prononce à peine: *Que demandez-vous?* Est-ce que vous ne me reconnoissez pas, M. *Desrues*, répliqua vivement la Demoiselle? *je suis bien fâché*, dit-il, *de ne pouvoir vous ouvrir, ma servante a emporté la clef, & m'a enfermé à double tour*. La Demoiselle persiste & veut absolument avoir ses Contrats. Enfin on lui ouvre. Dans quel état elle trouve *Desrues* ! dans un égarement affreux, attaqué d'une agitation extraordinaire dans tous ses membres. *Eh ! qu'avez vous donc ? qu'avez vous donc ?* lui demanda la Demoiselle un peu émue, *une fievre ardente me dévore*, reprit *Desrues*, *j'éprouve un désordre dans tous mes sens que je ne puis vous exprimer.... Je n'en puis plus*, & toujours ce trouble augmentoit. La Demoiselle apperçoit un dérangement total dans l'appartement ; plus elle fixe les yeux sur *Desrues*, plus elle en est épouvantée : elle apperçoit sur une commode des papiers, elle y jette la vue, ce sont les siens ; elle s'en saisit précipitamment & veut se retirer. *Desrues* prévoyant le dessein de la Demoiselle, court à la porte, la ferme aux verroux, & engage cette Demoiselle à dîner. Toujours plus effrayée, elle refuse; elle dit avoir même tremblée pour sa vie en ce moment critique. Elle porte ses regards sur un petit escalier dérobé, elle y vôle, & se sauve de ce miserable qui, peut être, vouloit joindre cette nouvelle victime à celle que, selon toutes les apparences, il venoit d'immoler. Il y a tout lieu de s'imaginer que cet égarement, cette fievre dévorante étoient les effets de son crime. Sans doute que cette Demoiselle arriva chez *Desrues* au moment qu'il cherchoit à se débarrasser du cadavre de la Dame *de Lamotte*.

Desrues toujours occupé de sa trame odieuse, la premiere victime qui s'offrit à ses yeux fut le jeune *de Lamotte*, qui, comme nous l'avons dit plus haut, étoit en pension. Son intention étant aussi de s'en défaire, il ne chercha plus que les moyens de s'en assurer. Pour cet effet, il lui fit accroire, le lendemain de la mort de sa mere, qu'elle étoit partie dès le matin pour Verfailles, faifant entendre audit *de Lamotte* fils, qu'elle devoit lui écrire fous peu de jours pour l'y rejoindre. Depuis ce jour jufqu'au onze Février, le fils du fieur *de Lamotte* fut très-inquiet de fa mere, & de n'en recevoir aucunes nouvelles, témoignant audit *Desrues* fa furprife du départ précipité de fa mere, fans l'en avoir prévenu. Pour calmer ce jeune homme, il lui fit accroire qu'il avoit reçu une lettre de la dame *de Lamotte*, par laquelle elle marquoit audit *de Lamotte* fils, de fe rendre à Verfailles par une voiture de la Cour; mais *Desrues*, qui avoit formé fon exécrable deffein, ne laiffa point partir feul ledit *de Lamotte* fils, fous le prétexte de fa jeuneffe & de fon inexpérience. Enforte qu'après l'avoir été retirer de fa Penfion le Mardi-gras 11 Février, & avoir prévenu le Maître de Penfion qu'il le retiendroit pour paffer la nuit au bal, il l'emmena chez lui, où il dîna & passa jusqu'au lendemain Mercredi des Cendres, qu'ils partirent pour Versailles, après avoir fait prendre au fils du sieur *de Lamotte* du Chocolat. Arrivé à Versailles, *Desrues* descendit, avec le jeune *de Lamotte*, à l'Hôtellerie de la Fleur-de-lys, où les vomissemens commencerent à prendre audit *de Lamotte* fils, ce qui fit que l'Aubergiste effrayé & craignant que ce fut les symptômes de la petite vérole, dit à *Desrues*, qu'il n'avoit point de place pour loger le jeune *de Lamotte*, qui lui paroissoit malade : *Desrues* fut s'informer dans le voisinage, s'il trouveroit un endroit propre à placer ce jeune homme & à consommer le détestable projet qu'il avoit conçu de s'en défaire. Il trouva chez un Tonnelier, au coin des rues St. Honoré & de l'Orangerie, une Chambre garnie, qu'il loua pour lui & pour *de Lamotte* fils, à raison de 30 sols par jour. Là, *Desrues* prit le nom de *Beaupré*, se dit être l'oncle du jeune homme, & que son voyage à Versailles avoit pour but de le placer dans quelques Bureaux de ladite Ville, & qu'ils y attendroient la dame, mere de son neveu, qui devoit, pour cet effet, arriver incessamment & solliciter en faveur de son fils & voir les protections qui étoient nécessaires. Le jeune homme ne fut pas plutôt dans cette chambre garnie que les vomissemens continuèrent & le mal s'augmenta considérablement. Le Vendredi matin, *Desrues* fit prendre à son prétendu neveu, une médecine, qu'il envoya chercher par la femme du Tonnelier, & qu'il prépara, mixtionna & administra lui-même au jeune homme. Cette médecine, probablement empoisonnée, ne fit qu'aggraver la maladie, de telle sorte, que le Tonnelier & sa femme représentèrent à *Desrues* qu'il leur paroissoit nécessaire d'envoyer chercher un Chirurgien ou un Médecin, à quoi *Desrues* s'opposa formellement

ment, en rejettant bien loin la propofition, en préfence du jeune homme, en difant qu'il étoit lui-même Chirurgien & Médecin ; & dans un autre moment, que *le Chirurgien qu'on appelleroit feroit peut-être quelqu'âne qui tueroit fon neveu ; qu'il le chériffoit trop, pour ne pas le traiter & foigner lui-même*. Le Tonnelier & fa femme fe récrioient d'admiration fur le bon cœur de l'oncle & plaignoit le neveu. L'un de ces jours, le jeune *de Lamotte*, très-inquiet de ne point voir fa mere, s'étant informé à la femme du Tonnelier, fi elle étoit venue, cette femme, pour le tranquilifer, lui répondit qu'elle l'avoit vue, & qu'elle reviendroit dans peu le voir & l'embraffer ; quoique dans le fait elle ne l'eut point vue, & qu'elle ne fuivit en cela que l'intention de *Desrues*, qui la lui avoit fuggérée, pour, foi-difant, ne pas chagriner fon neveu.

Le Vendredi au foir, *Desrues* voyant que les vomiffemens continuels du jeune *de Lamotte* avoient empêché l'effet de son breuvage empoisonné, que même il se trouvoit mieux & en état de se lever, résolut, par une seconde médecine, de consommer son crime. Il l'envoya chercher par la petite-fille du Tonnelier, & le lendemain matin il la prépara lui-même & la voulut faire prendre au malade. Il paroît que celui-ci n'en prit qu'une partie, la Tonneliere en ayant vu, le même jour, le restant dans un gobelet sur la cheminée.

Ce second breuvage empoisonné eut tout l'effet que *Desrues* devoit en attendre ; *de Lamotte* fils fut obligé de se remettre au lit dans l'après-midi, & sur les six heures du soir *Desrues* voyant sa victime à l'agonie, appella le Tonnelier par le judas de la chambre, donnant dans la boutique. L'Hôte monte; s'étant approché du lit, il vit que le jeune homme étoit à l'extrémité & qu'il avoit le râle, de sorte qu'on ne put que lui administrer l'Extrême-Onction. Le Prêtre qui l'exhortoit à son dernier soupir lui dit de se recommander à Dieu & de demander pardon à son oncle de tous les torts qu'il a pu avoir avec lui. On remarqua qu'à ce mot d'oncle, le jeune homme avoit remué la tête & voulut parler : une crise violente qui lui prit, l'en empêcha. Il expira enfin sur les neuf heures du soir. Pendant l'agonie de ce malheureux jeune homme, *Desrues* affecta, en présence du Tonnelier, la douleur la plus profonde, répandit des larmes qui parurent si sincères à l'Hôte, que celui-ci pleura lui-même amèrement. *Desrues* porta la scélératesse & l'hypocrisie au point d'exhorter lui-même à la mort le jeune *de Lamotte*; il se mit à genoux devant son lit, récita les prieres des agonisans & eut l'inhumanité de l'ensevelir lui-même, conformément à la priere que le malade (on ne sait par quel motif,) lui en avoit faite quelques heures auparavant. *Desrues* prétendit que le jeune homme, avant que d'expirer, lui avoit dit : *mon cher petit papa, je vous en prie, que ce soit vous qui m'enseveliſſiez.* On aſſure qu'un des talens de ce barbare, étoit de ſavoir enſevelir les morts. Qu'on ſe repréſente ce monſtre au pied du lit de ce malheureux jeune homme, qu'il venoit d'empoiſonner ſi cruellement, fondant en larmes, & récitant avec la plus grande ferveur les Prieres des Agoniſans : C'eſt bien à de pareils traits qu'on peut ſe récrier ſur la profondeur effrayante de l'abîme du cœur humain ! En enſeveliſſant le ſieur *de Lamotte* fils, *Desrues* dit au Tonnelier préſent, que ce jeune homme avoit le mal vénérien, & voulut lui faire voir, pour l'en convaincre, le corps du jeune *de Lamotte* ; mais le Tonnelier détourna les yeux, trop pénétré de ſa mort. *Desrues* dit enſuite en pleurant encore plus amerement : *hélas j'aimois ce cher enfant comme mon propre fils ! faut-il que la débauche l'ait tué.* Jamais on n'a poussé plus loin le scélératisme ! *Desrues*, quelques minutes après, pour appuyer son imposture, jetta dans le feu de petits paquets qu'il trouva dans les poches du mort, où sans doute il les avoit placés lui-même, en disant à l'Hôte que ces petits paquets contenoient des drogues propres à l'infâme maladie qui venoit de plonger son neveu dans le tombeau.

Le lendemain Dimanche, cet abominable hypocrite, envoya le Tonnelier à la Paroisse de Saint-Louis de Versailles, commander le convoi le plus simple, en le chargeant de faire porter sur l'acte mortuaire le nom de *Beaupré*, âgé de 22 ans, natif de Commercy en Lorraine, afin de déguiser ses véritables noms, âge & lieu de naissance. *Desrues* pousse son incroyable fourberie jusqu'à distribuer de l'argent aux pauvres ainsi qu'au Tonnelier qu'il chargea de faire dire des Messes pour le repos de l'ame du jeune homme, ce qui fut exécuté ledit jour Dimanche, entre onze heures & midi, *Desrues* ne voulut point aller lui-même à l'Eglise ni à l'enterrement, sous le prétexte d'être trop sensiblement affecté de douleur. Il eut néanmoins la précaution de se faire remettre par le Tonnelier, un Extrait de l'Acte mortuaire. Le Tonnelier pleuroit avec lui à son retour du convoi, & plaignoit *Desrues* encore plus que le malheureux qui venoit de lui être enlevé. Cela consommé, *Desrues* prit congé de l'Hôte, après lui avoir donné la dépouille du mort, de très-peu de valeur.

Non content de ce forfait, *Desrues* arrive à Paris dans l'après-midi. Il trouva chez lui plusieurs de ses amis, auxquels il dit, & particulièrement à l'un d'eux, qu'il revenoit de Chartres, son pays, où il avoit été pour affaires. Il est à remarquer que ce scélérat parut avoir un air content : il étoit si gai, qu'il chanta même quelques chansons dans la société & pendant le souper. Cette ame scélérate s'enyvroit du plaisir d'avoir consommé encore un de ses crimes. Nature humaine, qu'es-tu donc, lorsqu'un Dieu se retire de toi?

À peine de retour, *Desrues* va chez le Procureur de la dame *de Lamotte*, lui demander de sa part la Procuration de son mari qu'il avoit entre les mains, lui faisant entendre qu'il avoit fini avec cette dame, à qui il venoit de compter 100,000 liv. par un Acte sous seing privé, qu'il avoit déposé chez son Notaire. Le Procureur étonné de la consommation de cette affaire sans en avoir été prévenu, refuse net la Procuration, disant qu'il ne la rendroit qu'au sieur *de Lamotte*, ou à son épouse. *Desrues* dit qu'elle est à Versailles, où il doit la lui envoyer. Le Procureur insiste. *Desrues* se retire en le menaçant de la lui faire donner malgré lui. Que fait-il? il présente une Requête à M. le Lieutenant-Civil; expose les arrangemens pris avec la dame *de Lamotte* fondée, à cet effet, de la Procuration de son mari, entre les mains de M^e *** Procureur; demande à ce Magistrat de faire assigner au premier jour ledit Procureur, à lui remettre ladite Procuration, sinon faute de ce faire, ledit Procureur contraint, même par corps. Requête accordée, *Desrues* fait assigner le Procureur; celui-ci insiste toujours; en conséquence Procès-verbal; Reféré chez M. le Lieutenant-Civil; *Desrues* s'y trouve: la cause appellée, le Procureur parle; & l'affaire est remise. Ce qui engagea sans doute ce scélérat, à tourner ses vues odieuses d'une autre côté.

Depuis le 31 Janvier jusqu'au 17 Février suivant, que *Desrues* employa à l'exécution de ses exécrables desseins, le sieur *de Lamotte* étoit de plus en plus inquiet sur le sort de son épouse & de on fils. Il ne dissimuloit plus ses justes allarmes, agités par des rêves affreux, qui lui représentoit sa femme environnée

née de périls, égorgée avec son fils par *Desrues* qui s'étoit offert à ses yeux armé de deux poignards. Dans ces entrefaites *Desrues* ose aller le voir à la Terre de *Buisson-Souëf*, il lui apprend que tout est arrangé, & lui dit avoir traité avec la Dame son épouse par un nouvel acte sous seing-privé du 12 Février, qui annulloit toutes les conventions précédemment faites; dit lui avoir payé une somme de 100,000 livres, dont elle lui avoit donné une reconnoissance, & que, par ce moyen, la Terre de *Buisson-Souëf* lui appartenoit. Il voulut persuader au sieur *de Lamotte* que son épouse & son fils jouissoient de la plus parfaite santé : qu'ils étoient à Versailles ; que la Dame *de Lamotte* y traitoit d'une charge aussi considérable que lucrative, & que si elle ne lui avoit pas fait part de ses démarches à ce sujet, c'est parce qu'elle vouloit le surprendre agréablement ; qu'elle avoit retiré son fils de sa Pension, parce qu'il n'avoit point

E

de goût pour la retraite & pour l'étude, & qu'ayant été élevé dans le monde, elle cherchoit à le placer au Manége, ou même à le faire entrer aux Pages du Roi. Voilà à peu près les propos dont *Desrues* se servit pour rétablir le calme dans l'âme d'un époux & d'un pere vivement allarmé.

Pendant le peu de jours que *Desrues* resta à *Buisson-Souëf*, le sieur *de Lamotte* reçut plusieurs lettres de Paris, les unes annonçant que ladite dame *de Lamotte* étoit en cette Ville, où elle étoit revenue de Versailles; qu'elle avoit fait différentes emplettes, qu'elle se portoit on ne peut mieux; les autres annonçant qu'elle y faisoit un nouveau voyage au sujet de la prétendue charge. L'épais bandeau commençoit à s'éclaircir, le sieur *de Lamotte* ne pouvoit repousser une crainte secrette qui augmentoit de moment en moment; il lui sembloit voir *Desrues* avec ses deux poignards. La voix du malheur lui crie, il ne sçait même pourquoi la présence de ce scélérat l'importune & le fatigue. Peu satisfait du contenu de ces lettres, & des propos de *Desrues*, il conçoit les soupçons les plus violens sur le sort de son épouse & de son fils. Il témoigna même à *Desrues*, que ce qu'il lui disoit n'étoit pas vraisemblable, & que sûrement il étoit arrivé quelques malheurs à son épouse ou à son fils qu'il lui cachoit. *Desrues*, assez mal reçu du sieur *de Lamotte*, qui ne cessoit de lui témoigner de la froideur, revint à Paris, & partit ensuite pour Lyon, où il prit un faux nom. C'est à cette occasion qu'on prétend qu'il se déguisa en femme & qu'il fit passer une procuration chez un des Notaires de ladite Ville, qu'il signa ou fit signer par une personne supposée, du nom de la dame *de Lamotte*, laquelle procuration autorisoit le sieur *de Lamotte* à toucher les arrérages des trente mille livres restans à payer de l'acquisition ; mit cette procuration sous enveloppe, l'adreſſa à l'un des Curés de Villeneuve-le-Roi, pour la remettre audit ſieur *de Lamotte*. Cette procuration, n'ayant été précédée d'aucune lettre d'avis, ne fit qu'augmenter les ſoupçons légitimes du ſieur *de Lamotte*, d'autant plus frappé de cet envoi, qu'il ne peut plus réſiſter aux tourmens qui le déchirent ſur le triſte ſort de ſon épouſe. Il ſe détermina à venir à Paris, pour s'aſſurer de l'état & de l'exiſtence de ſon épouſe & de ſon fils.

L'auteur de tant de forfaits & d'abominations avoit tendu tous ſes retz, ainſi qu'une araignée qui diſtribue avec adreſſe les fils dont elle compoſe ſa toile pour prendre les mouches; il avoit ſu répandre des bruits qui groſſiſſoient à chaque inſtant. On jettoit des nuages ſur la réputation de la Dame *de Lamotte*; on la repréſentoit à la ſuite d'un raviſſeur favoriſé, on publioit même qu'elle avoit emmené ſon fils avec elle. O l'homme abominable! ajouter encore la plus noire calomnie aux attentats les plus odieux.

Par une singularité du hazard, ou plutôt c'étoit un Dieu vengeur qui déterminoit cette circonstance remarquable, M. *de Lamotte* descend dans une Hôtellerie, rue de la Mortellerie, & dit entr'autres choses, à des personnes de cette Auberge: *Il y a des hommes qui ne feroient aucune démarche pour chercher leur femme, lorsqu'elles les quittent; mais moi je viens exprès à Paris pour y trouver la mienne, & savoir ce qu'elle est devenue, ainsi que mon fils. Je suis un homme dont le sort est fort à plaindre.* Il est à remarquer que cette Auberge n'est pas éloignée de la maison qui receloit le cadavre de la dame *de Lamotte*. Il la demande en vain ainsi que son fils; nulle réponse, nul succès dans ses perquisitions: il implore le secours de la Justice.

Desrues, de retour de Lyon, obligé de rendre compte de sa conduite, & de ce qu'étoient devenu la dame de Lamotte & son fils, déclara « que ladite dame *de Lamotte* étoit à Versailles ; dit y avoir conduit son fils à la requisition de sa mere ; qu'il l'avoit trouvée devant la grille du Château, avec un particulier paroissant âgé d'environ 60 ans, qui même avoit fait beaucoup d'amitié au sieur *de Lamotte* fils, & que la dame *de Lamotte* avoit trouvé mauvais qu'il eût accompagné son fils à Versailles, & lui avoit fait un assez mauvais accueil ; ensuite que lui, *Desrues*, laissa le sieur *de Lamotte* fils avec sa mere & ledit particulier, & étoit revenu seul à Paris ; que quelques jours après il avoit reçu une lettre de la dame *de Lamotte*, timbrée de Lyon, par laquelle ladite dame *de Lamotte* lui disoit être logée en cette Ville, & lui demandoit des nouvelles de son mari & de l'état de ses affaires ; que lui, *Desrues*, inquiet du départ clandestin de ladite Dame, au lieu de lui faire

» réponse, avoit pris le parti de se ren-
» dre à Lyon; que là, il avoit effecti-
» vement trouvé cette Dame; qu'il l'a-
» voit engagée à venir avec lui devant
» un Magistrat, afin de lui donner acte
» de son existence, laquelle refusa; que
» cependant le même jour, qui étoit le
» 8 Mars, elle avoit passé la procuration
» dont il a été parlé ci-dessus, & qu'elle
» la lui avoit remise pour la faire par-
» venir à son mari, & qu'après cela elle
» s'étoit évadée par un passage qui com-
» muniquoit d'une rue à une autre. (Il
» est vrai que ces sortes de passages sont
» très-communs à Lyon.) En sorte
» que ne lui ayant pas été possible de la
» rejoindre, il étoit revenu à Paris».

Comme cette fable est ingénieusement arrangée; l'air de vérité avec laquelle *Desrues* la débitoit, rendoit le Magistrat incertain sur ce qu'il devoit faire; mais enfin forcé de s'expliquer sur le prétendu payement des 100,000 liv. qu'il disoit avoir donné à la dame *de Lamotte*

& qu'elle avoit emporté, & d'où lui provenoit cet argent; *Desrues* dit l'avoir emprunté d'un sieur *Duclos*, Avocat; auquel il avoit fait une obligation pardevant Notaires le 9 du mois de Février; vérification faite, il se trouva que cette obligation étoit simulée & que le sieur Duclos avoit reconnu par un autre acte, le contraire de ladite obligation. Monsieur le Lieutenant-Général de Police, ce Magistrat éclairé qui veille si bien au maintien des bonnes mœurs, & à la sûreté publique, porta toute son attention à cette affaire. Ce roman compliqué, débité par *Desrues*, ne lui en impose point. Il donne des ordres précis & charge de la conduite & de l'exécution M. le Commissaire *Mutel*, dont il connoît le zèle & toute l'intelligence. Celui-ci, digne de la confiance du Magistrat, se transporte chez *Desrues*, n'y trouve que sa femme, fait une perquisition détaillée, & n'en peut recueillir aucune découverte sur le sort de la Dame *de Lamotte* & de son fils. La femme *Desrues* est interrogée, l'énigme subsistoit toujours. La femme *Desrues* pouvoit-elle parler? Non. Une femme n'est point obligée de déclarer les crimes de son mari. Cependant des émissaires envoyés de la part du Magistrat avoient le soin de s'informer du retour de *Desrues*; enfin il reparoît. Aussitôt arrivé, il reçoit un ordre de se transporter chez M. le Lieutenant-Général de Police; il a l'audace de s'y présenter accompagné de son Procureur, d'y faire ses plaintes, en prétendant que la perquisition faite dans sa maison, pendant son absence, est une espece d'attentat contre le droit de Bourgeois domicilié; qu'il falloit, pour le moins, attendre son retour. En un mot, c'étoit *Desrues* qui se justifioit. Selon lui, M. *de Lamotte* étoit le coupable, contre lequel il répétoit des dommages & intérêts sur les accusations intentées contre lui. Le Magistrat se sert de sa pénétration: il écoute les deux partis, & convaincu des impostures & des mensonges de *Desrues*, relatifs à l'objet du prétendu payement & à l'histoire si bien combinée de l'évasion de la Dame *de Lamotte* & de son malheureux fils, il le fait constituer prisonnier le 12 Mars au Fort-l'Evêque. Là, M. le Commissaire *Mutel* l'interroge; & malgré l'affirmation de *Desrues* qui avoit levé la main comme il diroit la vérité, cet Officier entrevoit toutes les horreurs du crime. Cependant nulle preuve encore ne s'élevoit; mais le Magistrat veille, & ses intelligentes perquisitions s'étendent jusqu'à Dijon : on amene deux personnes soupçonnées d'être les complices de *Desrues*. Elles ne se trouvent point coupables, on en tire pourtant des aveux qui commencent à porter quelques clartés dans une nuit si profonde. On instruit son procès avec plus de chaleur, la punition se faisoit déja sentir au coupable; il étoit au cachot, *au secret*, il espere en vain échapper à l'œil pénétrant de la Justice, & à cette puissance supérieure, qui tôt ou tard se manifeste & frappe. Il croyoit toucher au moment de recouvrer sa liberté.

Pendant le cours de l'instruction, *Desrues* continua à soutenir la fable qu'il avoit débitée, & pour y donner un air de vérité, il fit parvenir le 8 Avril, comme de la part de la Dame *de Lamotte*, au Procureur du sieur *de Lamotte*, des Billets faits à ordre, pour la valeur de 78000 liv. environ. Ces Billets ne furent pas plutôt remis chez le Procureur, qu'il prévint M. *de Lamotte*, qui en avertit aussitôt le Magistrat : Un étranger, sous le nom supposé de *Marquis*, s'en étoit rendu porteur, & écrivoit au Procureur, qu'ayant rencontré dans ses voyages, une Dame, s'appellant *de Lamotte*, elle lui demanda, s'il ne passoit point par Paris ; ayant répondu qu'il y passeroit, elle l'avoit prié de vouloir bien remettre à M. ** Procureur, lesdits billets ; que lui, *Marquis*, s'en étoit bien voulu charger, mais qu'étant obligé de prendre la poste sur le champ, il n'avoit que le tems de les lui envoyer par la voie de la Petite Poste. Ces billets remis sous enveloppe, timbrée de la Petite Poste, donnerent des soupçons sur la femme *Desrues*. Le lendemain, 9 Avril, elle fut constituée prisonniere au For-l'Evêque, & son mari fut transféré au Grand Châtelet : elle avoua que c'étoit elle qui avoit fait parvenir au Procureur du sieur *de Lamotte* lesdits billets, que son mari lui avoit envoyés sous enveloppe, cachés dans le linge sale qu'elle lui échangeoit pour du blanc.

Les gémissemens & les cris de M. *de Lamotte* sur la perte de sa femme & son fils qui ne se retrouvoient point, alloient peut-être céder aux apparences qui déchargeroient *Desrues* de toutes accusations ; disant hardiment que la Dame *de Lamotte* ainsi que son fils, reparoîtroient incessamment pour sa justification. Il couroit cependant un bruit sourd dans le public que *le cadavre de Madame de Lamotte avoit été trouvé dans une cave, à cinq pieds de profondeur*: mais la rumeur s'appaifoit, & le plus grand des fcélérats fe flattoit d'avoir bientôt à s'applaudir de l'impunité de fes crimes.

Le Notaire de Lyon à qui la Juftice avoit mandé de venir à Paris, arrive. Il déclare qu'à la vérité, une femme, d'une taille affez avantageufe, fe difant nommée *Marie-Françoife Perrier*, époufe du fieur *de Saint-Fauft de Lamotte*, féparée, quant aux biens, d'avec lui, eft venue en fon Etude le 8 Mars, à l'effet de faire dreffer un Acte de procuration qu'elle dit, pour être envoyée à fon mari, à Villeneuve-les-Sens, laquelle Procuration faite, elle la figna, ainfi que lui & fon Confrere. Interrogé, s'il pourroit reconnoître cette femme, répondit, que non, d'autant qu'il fe rappeloit n'avoir pu voir que le bout du nez, cette femme ayant la tête enfoncée dans le coqueluchon de fon mantelet. Confronté avec *Desrues*, il ne le reconnut point. On prend le parti d'habiller *Desrues* en femme pour faciliter les moyens de reconnoissance: mais ce déguisement ne fait pas plus d'effet sur la mémoire du Notaire. Lorsque l'on travestissoit ce scélérat en femme, il se caressoit le menton, minaudoit & tenoit les propos les plus jovials; il redisoit même à ceux qui lui parloient dans sa prison; *je n'ai pu m'empécher de rire comme un fou, lorsque je me suis vu ainsi déguisé; je n'avois pas mauvaise grace,* continuoit-il, & *je crois que sous cet habit, j'aurois pu faire quelques conquêtes.* Quel sang-froid dans l'horreur du crime!

Desrues persistoit à soutenir que ce n'étoit point lui qui avoit été chez le Notaire, à Lyon, mais une femme qu'il y avoit envoyée. Interrogé où il avoit fait connoissance de cette femme & ce qu'elle étoit : a répondu ignorer son état; que l'ayant rencontrée hors de la Ville de Lyon, seule, il lui avoit demandé le chemin pour aller à Geneve; que cette femme, après le lui avoir indiqué, le regarda fixement, & lui dit; *vous avez sans doute, Monsieur, quelques malheureuses affaires qui vous obligent de vous y réfugier; c'est encore loin d'ici; vous me paroissez bien affligé. Je voudrois qu'il fut en mon pouvoir de vous être utile; mais, hélas! je suis une pauvre femme.* A cet aveu, Desrues lui avoua avoir beaucoup de peines; & que si elle vouloit, elle pouvoit le tirer du plus grand embarras où il ait jamais été; que Dieu la béniroit & que l'argent ne tiendroit à rien si elle consentoit de l'obliger. Cette femme ne paroissant pas s'y opposer; je lui fis sa leçon, ajouta *Desrues*, & c'est cette même femme qui a été chez le Notaire faire dresser la Procuration dont est question.

 C'est ici qu'on est accablé d'une Justice Divine, elle permet, cette justice inévitable, que rien ne reste caché, & surtout de semblables forfaits. Par un effet du hazard le plus singulier, ou plutôt par un effet visible de la Providence, qui n'a pas voulu que ces horreurs demeurassent impunis, une dame *Masson*, propriétaire de la maison dans laquelle avoit été louée la cave, fit part à une de ses amies de l'inquiétude qu'elle avoit sur la sûreté du payement du second terme de la cave, lequel couroit alors ; & que n'ayant point revu le particulier (qui est ledit *Desrues*) depuis les premiers jours de Février, tems auquel il avoit apporté dans la cave une malle qu'il prétendoit contenir du vin fin, & que ledit particulier lui avoit même fait présent de deux bouteilles de vin de Malaga qu'il lui dit être de son crû & pareil à celui qu'il mettoit dans sa cave ; cette amie lui répondit, *vous en aurez demain des nouvelles*, sans s'expliquer davantage. * Comme elle étoit

---

* On raconte l'événement qui a concourru à répandre de la clarté sur cette affaire d'une autre maniere. Un Militaire estimé d'un des Magistrats qui veillent au maintien des loix, avoit été conduit par le hasard dans un hôtel garni où

imbue

imbue, ainsi que tout Paris, du bruit qui couroit, qu'une dame *de Lamotte* & son fils étoient devenus invisibles, & que l'on soupçonnoit être enterrés dans une cave, sans dire l'endroit ; cette amie, par une autre sorte de miracle, fit part de ses soupçons à un ami du sieur *de Lamotte*, qui ne négligea aucune circonstance & fut le redire à ce dernier. Comme frappé d'un trait de lumiere, M. *de Lamotte* vôle auprès du Magis-

---

il donnoit à dîner à plusieurs de ses amis. Il entend une femme qui adressoit à son hôtesse quelques mots à propos de la malheureuse aventure de M. *de Lamotte*. Cette femme parloit aussi d'une cave qu'elle avoit louée à un homme qu'elle n'avoit plus revu. L'Officier prudent recueille les moindres circonstances, vôle auprès du Magistrat qu'il connoissoit, & lui rend un compte exact de ce qu'il a entendu. Celui-ci croit sagement qu'il n'y a rien à négliger dans une affaire de cette importance. Il employe ses soins pour accélérer la découverte miraculeuse qui a confondu ce scélérat & éclairé tous ses crimes.

F

trat, qui aussitôt donna des ordres pour faire perquisition dans la cave de la dame *Masson*. Descente de M. le Commissaire *Mutel* dans cette cave, dans laquelle on ne trouva d'abord qu'un tonneau vuide & quelques bouteilles de vin. On se retiroit après d'inutiles recherches; rien ne se montre : la terre cependant paroissoit avoir été fraîchement remuée; les yeux vigilans du Commissaire se portent sur un espece de caveau situé sous un escalier; aussitôt on s'y transporte. On tâtonne, la terre est molle, on y enfonce une canne; passé quatre pieds on trouve de la résistance. Le Commissaire va chercher un ordre du Magistrat pour creuser, il l'obtient : on fouille, on apperçoit enfin un cadavre de femme en chemise, coëffé de nuit avec un serre-tête rouge & blanc, le visage tourné contre terre : ce corps est relevé : quel spectacle pour l'infortuné M. *de Lamotte*! il pousse un cri de terreur; il a reconnu son épouse; cette perquisition se fit le 18 Avril. La dame *de Lamotte* n'étoit pas défigurée, plusieurs personnes la reconnurent. *Desrues* & sa femme y ayant été transférés, la femme la reconnut, & dit, dans le cas que l'on en doutât, de regarder dans sa bouche, que l'on trouveroit une dent qu'elle avoit de moins à telle partie qu'elle indiqua; ce qui se trouva vrai. *Desrues* étoit alors avec sa robe de chambre, & une redingotte bleue rayée, que sa femme lui avoit envoyée pour le garantir du froid. Lorsque l'on lui présenta le corps de la dame *de Lamotte*, il affecta de ne point la reconnoître pendant toute l'instruction qui se fit sur le lieu, soutenant toujours son existence. On fit venir la dame *Masson*, à qui on demanda si elle reconnoissoit *Desrues*, pour être celui qui lui avoit loué sa cave; a répondu qu'oui, que c'étoit lui-même; *Desrues* dit qu'elle se méprenoit & qu'il ne l'avoit jamais vu. La dame *Masson* pour le convaincre de son imposture, lui soutint que c'étoit si bien lui-même, qu'elle le reconnoissoit à la redingotte qu'il portoit ce jour-là, & qui étoit sur sa robe de chambre. Le lendemain 19 Avril, les Chirurgiens & Médecins du Châtelet s'étant transportés & ayant fait l'ouverture du cadavre, reconnurent & déclarerent que ladite dame *de Lamotte* avoit été empoisonnée. *Desrues*, forcé par l'évidence, se détermina enfin à déclarer que c'étoit bien le corps de la dame *de Lamotte*; qu'elle étoit morte chez lui le 31 Janvier, à la suite d'une médecine, & que pour s'en débarrasser & faire valoir l'histoire du payement, il l'avoit fait porter dans une malle & enterrer dans ladite cave, après l'avoir déposée pendant deux jours dans l'attelier du Menuisier du Louvre, & qu'il s'étoit servi d'un Maçon pour faire la fosse, en lui faisant entendre que c'étoit pour y mettre du vin en bouteilles.

Sur la déclaration de cet insigne scélérat, M. *de Lamotte*, le désespoir dans le cœur, court à lui, en s'écriant : *ah ! malheureux ! rends moi ma femme & mon enfant.* Le monſtre ne lui répond que par des ironies inſultantes. Le lendemain interrogé, ce qu'étoit devenu le ſieur *de Lamotte* fils, il fut obligé de convenir qu'il étoit mort à Verſailles, à la ſuite d'une indigeſtion & de la maladie vénérienne, qu'il avoit inutilement combatues par les remedes qu'il lui avoit adminiſtré, & qu'il l'avoit fait enterrer dans le Cimetiere de la Paroiſſe de Saint-Louis.

La Juſtice ſe tranſporta à Verſailles le 23 Avril, pour conſtater le fait. On exhuma pluſieurs cadavres, & l'Hôte, chez lequel le jeune *de Lamotte* étoit décédé, reconnut le troiſiéme cadavre exhumé, pour être celui dudit ſieur *de Lamotte* fils, à une chemiſe qu'il avoit donné pour l'enſevelir. Pluſieurs témoins au procès le reconnurent pareillement.

Desrues & ſa femme affecterent de ſe trouver mal, & ne point le reconnoître.

Mais *Desrues* dit, au moment de la représentation, qu'il s'en rapportoit aux personnes qui le reconnoissoient, qui étoient d'honnêtes gens : Les Chirurgiens & Médecins du Châtelet firent aussi l'ouverture du cadavre de ce jeune homme, & reconnurent aussi qu'il étoit mort du poison.

Desrues rendu à sa prison, répétoit souvent, *qu'il falloit que la tête lui eût tournée pour avoir voulu dérober à la connoissance du public la mort de Madame de Lamotte, & sa sépulture*, (ce sont les propres paroles que l'on rapporte) *c'est la seule faute*, disoit-il, *qu'il avoit commise, & qu'on étoit en droit de lui reprocher; d'ailleurs il étoit un parfait honnête homme; il se résignoit aux rigueurs de la Providence; il pleuroit toujours le jeune de* Lamotte, *qu'il avoit aimé comme son propre fils, & qui l'appeloit son petit papa. Hélas! il voyoit toutes les nuits ce pauvre jeune homme : ce qui renouvelloient amèrement ses chagrins ;*

*mais ce qui du moins adoucissoit ses dou‑
leurs, c'est que cet enfant étoit mort avec
tous les secours de la religion.*

Ce scélérat consommé dans le crime,
croyoit, sous le masque de l'hypocrisie,
séduire la religion des Magistrats; il ne
doutoit point que ses moindres paroles
ne fussent rapportées : c'est ce qui, sans
doute, lui donnoit cet air d'assurance qu'il
a conservé jusqu'au dernier moment.

Le cadavre du jeune *de Lamotte* dé‑
couvert & reconnu, on demanda à
Desrues quel étoit son dessein de l'avoir
emmené à Versailles, sachant bien que
sa mere étant morte, ce jeune homme
ne l'y trouveroit pas. Il répondit que
son dessein, arrivé à Versailles, étoit
de supposer recevoir une nouvelle let‑
tre de la dame *de Lamotte*, qui lui au‑
roit écrit de conduire son fils à la Fleche
pour le mettre en pension : mais que ce
jeune homme étant tombé malade, il
avoit cru devoir le laisser dans l'espé‑
rance dont il l'avoit flatté, en atten‑

dant sa convalescence, ne comptant pas qu'il mourroit entre ses bras en si peu de tems. Mais si vous fussiez parvenu, lui dit-on, à mettre le jeune *de Lamotte* en pension à la Fleche, cet enfant âgé de 16 à 17 ans, n'ayant pas vu sa mere, dont il étoit si justement inquiet, n'auroit pas manqué d'écrire au sieur *de Lamotte* son pere, quelques défenses que vous lui eussiez faites. *Desrues*, ne sachant plus que répondre, avoua de bonne foi qu'il avoit mal combiné son projet, & qu'il n'avoit pas fait cette réflexion.

La femme *Desrues* interrogée si elle n'avoit pas pris du chocolat avec le jeune *de Lamotte* & son mari, avant leur départ pour Versailles; a répondu que non, parce qu'il lui avoit semblé trop épais. Interrogée si son mari ne lui avoit point confié, lors de la mort de la dame *de Lamotte*, le dessein qu'il avoit de déposer le cadavre chez la dame *Mouchy*, au Louvre, en attendant qu'il
put

put jouir de la cave qu'il avoit louée rue de la Mortellerie ; a répondu qu'elle l'ignoroit, d'autant plus que le hasard voulut qu'elle rencontra, le Samedi premier Février, son mari, rue Saint-Germain-l'Auxerrois, qui suivoit une charrette à bras, chargée d'une malle, que deux hommes traînoient : que lui ayant demandé où il alloit avec cette malle & ce qu'elle contenoit, il lui dit contenir de la fayance pour leur terre de *Buisson-Souëf*, qu'il alloit déposer au Louvre, jusqu'à ce qu'il trouvât l'occasion de l'envoyer à ladite terre. Enfin que son mari ne lui avoit rien communiqué de ses volontés, qu'elle l'avoit toujours cru honnête homme, incapable de commettre les crimes affreux dont il étoit accusé ; que si elle en eut eu le moindre soupçon elle l'auroit quittée. Lecture faite à *Desrues* des dires de sa femme, il est convenu du fait & avoua que s'il avoit parlé autrement, c'étoit par oubli de sa part.

G

Ce monstre exécrable étoit âgé de trente-deux ans & demi : il dormoit peu, il avoit souvent entre ses mains l'*Imitation de Jesus-Christ*; & d'autres Livres de piété. Quelquefois il jouoit aux cartes avec les gardes qui le veilloient. Mais ce qui ne sauroit trop exciter l'étonnement & l'indignation, il montroit le front calme de l'innocence ; nul nuage, nul emportement, modéré dans ses expressions, exhalant sans cesse une ame qui paroissoit pure & irréprochable, se remettant à l'équité de la Providence, & des Juges éclairés, du succès de sa malheureuse affaire, disant toujours de la meilleure foi du monde & avec le ton que donne l'espoir le plus flatteur, que les Magistrats rétabliroient son honneur, comme on avoit réhabilité celui de *Calas*. Tel s'est conduit *Desrues* sans jamais se démentir.

Lorsqu'on le transfera du Grand Châtelet au Parlement, il regardoit le peuple avec cette tranquillité qui couronne la vertu même ; il saluoit affectueusement les personnes qu'il reconnoissoit. Il a même parlé à quelques-unes d'elles ; entr'autres à un Bénédictin de son pays (de Chartres,) à qui il se plaignit des interrogations multipliées qu'on lui faisoit, & de la longueur de sa captivité ; il le pria, s'il avoit des amis auprès des Magistrats, de les employer en sa faveur, pour lui faire obtenir son élargissement.

Le procès instruit, est intervenu une Sentence du Châtelet, par laquelle les Juges ont prononcé, contre ledit DESRUES, la peine de l'*Amende honorable*, nud en chemise, la corde au col, tenant en ses mains une torche de cire ardente du poids de deux livres, au-devant de la principale porte & entrée de l'Eglise Métropolitaine de Notre-Dame de Paris, où il sera conduit dans un tombereau, par l'Exécuteur de la Haute-Justice ; ce fait, mené dans la Place de Grève, pour, sur un échafaud qui y sera dressé à cet effet, avoir les bras, jambes, cuisses & reins rompus vif par ledit Exécuteur de la Haute-Justice, & à l'instant jetté dans un bûcher ardent, qui, à cet effet, sera dressé au pied dudit échafaud, pour y être son corps réduit en cendres, & ses cendres jettées au vent; pour avoir (dans le dessein de s'approprier, sans bourse délier, la Terre de Buisson-Souëf, appartenante aux sieur & dame de Saint-Fauft de la Motte, desquels il avoit acheté ladite Terre, par acte sous signature-privée du 22 Décembre 1775) empoisonné, de dessein prémédité, ladite dame de Lamotte & son fils, en abusant indignement de l'hospitalité qu'il exerçoit envers eux depuis le 16 Décembre dernier. A l'égard de Marie-Louise Nicolais, femme Desrues, contre laquelle il ne paroît jusqu'à présent aucune preuve certaine de complicité, sursis jusqu'après l'exécution de ladite Sentence.

Par Arrêt de la Cour du Parlement du 5 Mai, la Sentence du Châtelet a été confirmée; les biens de *Desrues* déclarés acquis & confisqués au Roi, ou à qui il appartiendroit; sur iceux préalablement pris la somme de 200 l. d'amende envers le Roi, au cas que confiscation n'ait pas lieu, & celle de six cens livres pour faire prier DIEU pour le repos des ames de ladite Dame *de Saint-Fauſt de la Motte* & de son fils, & avant l'exécution ledit *Antoine-François Desrues* appliqué à la question ordinaire & extraordinaire.

Ce scélérat, pendant tout le cours de sa détention, a toujours paru dans la plus grande sécurité, sans nulle inquiétude sur son sort, mangeant & buvant bien; on a eu la précaution de lui donner dans son cachot deux personnes pour le surveiller & empêcher qu'il n'attentat à ses jours.

Le lendemain 6 Mai, à 7 heures du matin, on lui lut son Arrêt qu'il écouta tranquillement; & après quoi il s'écria, je ne m'attendois pas à un jugement si rigoureux... Ensuite levant les yeux, il dit:

Dieu me voit ; il sçait mon innocence. Pendant qu'on se préparoit à lui donner la question, on lui fit entendre que s'il vouloit avouer ses crimes & le nom de ses Complices, on lui en feroit grace ; il répondit : *qu'il avoit tout dit & qu'il n'en diroit pas davantage.* On lui représenta les supplices qu'il alloit souffrir & sa mort qui en suivroit ; il répondit, *qu'il savoit qu'il devoit mourir dans ce jour,* & répéta *qu'il n'avoit plus rien à dire.* Il se laissa lier les genoux sans mot dire, & souffrit la question avec assez de patience ; il s'écria cependant, dans le moment qu'il souffrit les derniers coins ; *maudit argent à quoi m'as tu réduit !* Ne pourroit-on pas convenir que ces derniers mots, que la douleur lui a arrachés, sont une espece d'aveu de sa part.

Ce criminel, si l'on peut le dire, d'une trempe infernale, a toujours conservé son caractère de mensonge & d'hypocrisie. L'heure de sortir de la prison étant arrivée, (trois heures après-midi,) l'Exé-

cuteur lui paſſa la chemiſe & lui attacha un écriteau devant & derriere lui, où étoient écrit ces mots: *Empoiſonneur de deſſein prémédité.* Il ſe laiſſa conduire ſans qu'il parût ſur ſon viſage la moindre altération; il deſcendit avec fermeté les marches du Châtelet, monta de même dans le tombereau, & parût en public avec un air aſſuré, en regardant, de côtés & d'autres, la foule des ſpectateurs qui étoient accourus pour le voir. Arrivé à la porte de l'Egliſe Métropolitaine, où le Greffier l'attendoit, il deſcend du tombereau, prend en ſes mains la torche ardente & là, à genoux, nuds pieds, nue tête, & la corde au col, il dit & déclare à haute & intelligible voix, « que méchamment, témérairement & comme mal aviſé,
» il a (dans le deſſein de s'approprier,
» ſans bourſe délier, la terre de *Buiſſon-*
» *Souëf,* appartenante au ſieur & dame *de Lamotte,* deſquels il avoit acheté ladite terre, par Acte ſous ſignatu-

G iv

» re privée du 22 Décembre 1775, &
» en abusant indignement de l'hospita-
» lité qu'il exerçoit depuis le 16 Décem-
» bre dernier envers ladite dame *de La-
» motte*, arrivée ledit jour en cette Ville
» de Paris, pour terminer avec lui le mar-
» ché conclu en Décembre 1775, &
» descendue à cet effet avec son fils chez
» lui *Desrues*, & à sa sollicitation) em-
» poisonné de dessein prémédité, le 31
» Janvier dernier, ladite dame *de La-
» motte*, soit dans une médecine par lui
» composée & préparée le 30 Janvier
» dernier & administrée le lendemain;
» soit dans les ptisannes & breuvages
» qu'il lui a seul administrés, après la-
» dite médecine ledit jour 31 Janvier,
» (ayant pris la précaution d'envoyer sa
» Servante à la campagne pour deux ou
» trois jours, & d'écarter les étrangers
» de la chambre où étoit couchée ladite
» dame *de Lamotte*); duquel poison la-
» dite dame *de Lamotte* est morte dans
» la nuit dudit jour 31 Janvier dernier,

» à tenu cette mort secrette, enfermé
» lui-même dans une malle le corps de
» la dame *de Lamotte*, & l'a ainsi fait
» transporter clandestinement rue de la
» Mortellerie, dans une cave par lui
» louée à cet effet sous le faux nom de
» *Ducoudrai*, & dans laquelle il l'a en-
» terrée lui-même, ou fait enterrer ;
» fait accroire au fils de la dame *de La-*
» *motte*, âgé de 16 à 17 ans (qu'il avoit
» logé chez lui avec sa mere lors de leur
» arrivée à Paris jusqu'au 15 Janvier
» dernier, & qui depuis avoit été placé
» dans une pension & venoit souvent
» chez lui *Desrues*, voir sa mere & en
» demander des nouvelles) [que ladite
» dame *de Lamotte* étoit à Versailles &
» désiroit qu'il allât l'y joindre,] & sous
» ce prétexte, il a conduit le sieur *de La-*
» *motte* fils, le 12 Février dernier,
» après lui avoir fait prendre du choco-
» lat, audit lieu, chez un Tonnelier,
» dans une chambre garnie, & l'a pareil-
» lement empoisonné de dessein prémé-

» dité, soit dans le chocolat par lui don-
» né avant son départ, soit dans les breu-
» vages & médicamens qu'il a lui-même
» & seul préparés, mixtionnés & admi-
» nistrés audit *de Lamotte* fils pendant les
» 12, 13, 14 & 15 Février dernier qu'il
» l'a tenu malade dans ladite chambre
» garnie, sans vouloir appeler ni Mé-
» decin ni Chirurgien, malgré les pro-
» grès de la maladie & les représenta-
» tions à lui faites à ce sujet, se disant
» lui-même être Chirurgien & Médecin,
» duquel poison ledit sieur *de Lamotte*
» fils est décédé ledit jour 15 Février,
» neuf heures du soir, dans les bras de
» lui *Desrues*, qui a affecté la douleur
» la plus profonde en répandant des lar-
» mes, a même exhorté ledit sieur *de*
» *Lamotte* à la mort, & récité les priè-
» res des agonisans; après lequel décès
» il l'a lui-même enseveli, en disant que
» le défunt l'en avoit prié, & donnant à
» entendre aux gens de la maison qu'il
» étoit mort du mal vénérien; l'a fait

» enterrer le lendemain dans le Cime-
» tiere de la Paroisse de Saint Louis au-
» dit Versailles, l'a fait inscrire sur les
» registres mortuaires de ladite Paroisse
» sous la mention d'un faux lieu de naif-
» sance, d'un faux âge, & du faux nom
» de *Beaupré*, que lui *Desrues* avoit pris
» lui-même en arrivant dans ladite cham-
» bre garnie, & avoit donné audit *de-*
» *Lamotte* fils qu'il avoit annoncé com-
» me son neveu; & pour couvrir ces at-
» trocités & parvenir à s'approprier la-
» dite terre de *Buisson-Souëf*, il a diffa-
» mé ladite dame *de Lamotte*, mis en usa-
» ge différentes manœuvres, & prati-
» qué plusieurs faux.

» 1°. En souscrivant ou faisant sous-
» crire des noms de ladite dame de La-
» motte un acte fait double sous seing-
» privé entre lui Desrues & sa femme
» d'une part, & ladite dame de Lamot-
» te, fondée de la Procuration de son
» mari, d'autre part ; ledit acte daté du
» 12 Février, & qui a réellement été

» écrit le 9 Février, postérieurement au
» décès de ladite dame de Lamotte, par
» lequel acte ladite dame de Lamotte
» paroît changer les conventions précé-
» dentes, énoncées au premier écrit du
» 22 Décembre 1775, & donner quit-
» tance à lui Desrues d'une somme de
» 100,000 livres à compte du prix de la
» terre de Buisson-Souëf. *Voyez la page*
» 49.

» 2°. En souscrivant pardevant No-
» taires, le 9 dudit mois de Février, une
» obligation simulée au profit d'un tiers,
» de 100,000 livres pour donner créan-
» ce au prétendu paiement par lui fait.
» *Voyez la page* 56.

» 3°. En annonçant & publiant, at-
» testant même sous la religion du ser-
» ment, lors de son interrogatoire subi
» pardevant le Commissaire Mutel, le
» 12 Mars dernier, qu'il avoit réelle-
» ment compté à ladite dame de Lamot-
» te les 100,000 livres, & qu'elle s'étoit
» évadée avec son fils & un autre qui-

» dam, nantie de cette somme. *Voyez*
» *la page* 58.

» 4°. En déposant chez un Notaire
» l'acte sous seing privé portant la pré-
» tendue quittance de ladite somme de
» 100,000 livres, & poursuivant en Jus-
» tice l'exécution de cet acte, & sa mise
» en possession de ladite terre. *Voyez les*
» *pages* 47, 62 & 63.

» 5°. En souscrivant ou faisant sous-
» crire par une autre personne, parde-
» vant les Notaires de la Ville de Lyon,
» où il s'est à cet effet rendu le 7 Mars
» dernier, une Procuration datée du len-
» demain 8, par laquelle la soi-disante
» femme de Lamotte paroît adopter la
» quittance de 100,000 livres, & don-
» ne pouvoir au sieur de Lamotte, son
» mari, de recevoir les arrérages du sur-
» plus du prix de ladite terre, laquelle
» Procuration il a fait parvenir par voies
» interposées, & a produit comme une
» preuve de l'existence de ladite dame
» de Lamotte. *Voyez les pages* 51 & 61.

» 6°. En faisant porter sous le nom
» de ladite dame de Lamotte, par voies
» interposées, à un Procureur le 8 Avril
» 1777, (tems où il étoit détenu, & où
» il avoit été obligé d'abandonner la fa-
» ble du paiement de ladite somme de
» 100,000 livres en deniers comptans,
» & y avoir substitué un paiement pre-
» tendu fait en billets) les billets par
» lui prétendus donnés à ladite dame de
» Lamotte. *Voyez la page 51.*

» 7°. Et enfin, en soutenant toujours,
» jusqu'à la découverte du corps de la-
» dite dame de Lamotte, & même lors
» de la représentation à lui faite de ce
» corps, que ladite dame de la Lamot-
» te existoit, qu'il l'avoit vue le 8 Mars
» en la Ville de Lyon, & qu'elle repa-
» roîtroit, dont il se répent & en de-
» mande pardon à Dieu, au Roi & à
» Justice. « *Voyez les pages 60 & 67.*

Ce fait il remonta dans le tombereau, où il ne parut plus avoir cette même fermeté dont il faisoit parade. Il fut mené dans la place de Greve ; où étant arrivé il demanda à monter à la Ville : ce qui lui fut accordé. Ses réponses au Magistrat, lorsqu'il fut devant lui, ont été pleines de sens & de vigueur ; il a continué de s'assimiler à *Calas*, victime de l'injustice. Interrogé s'il n'avoit pas chanté plusieurs couplets de chansons chez lui, à son retour de Versailles, péndant le souper : il avoua en avoir chanté un seul. On remarqua qu'en faisant cet aveu, il porta la main à son front, comme s'il cherchoit à se le rappeller, & à le répéter. Peut-on conserver tant de présence d'esprit & de sérénité au moment de la mort ! Son entrevue avec sa femme est le chef-d'œuvre de la scélératesse : c'est-là qu'il a déployé toute sa tranquille audace, & l'excès inoui de son imposture, se récriant toujours sur son innocence. On lui annonce qu'il va voir sa femme qui étoit depuis une heure chez le Concierge de la Ville. Elle entre ; à peine apperçoit-elle son mari avec le Confesseur & l'Exécuteur qui étoit derriere lui, qu'elle jetta ce cri de désespoir & de douleur: *Ah, mon Dieu! peut-on avoir une si cruelle destinée!* elle tomba aussitôt comme morte sur le plancher. *Desrues*, à ce moment sensible, s'écria ; *Ah ma chere bonne amie! ma chere bonne amie!* Du même instant, ce criminel changea tout-à-coup; ses forces diminuèrent de moitié, & l'on s'apperçut, à l'altération de son visage, qu'une sueur froide s'étoit emparée de tous ses sens. On s'empressa à donner à sa femme les plus prompts secours; elle fut un quart-d'heure sans pouvoir proférer une seule parole. Jamais il ne s'est passé de scènes aussi touchantes à la Ville ; le Magistrat & tous ceux qui étoient présens, ne purent s'empêcher de s'attendrir jusqu'aux larmes : *Desrues* interrogé, ne se déconcerta point : il ne chargea sa femme d'aucun crime, & la dit aussi innocente que lui. Cependant sur la déclaration qu'il avoit faite que sa femme

femme étoit couchée dans la même chambre de la dame *de Lamotte*, lors même qu'il lui fit adminiſtrer la médecine; la femme *Desrues* ſe trouvant chargée d'un fait faux; dit que ſon mari ſe trompoit; que ce jour-la même & pluſieurs autres jours avant, il devoit ſe reſſouvenir qu'elle couchoit dans la chambre de leur ſervante, ce dont *Desrues* convint, l'ayant, dit il, oublié.

Lorſqu'il s'apperçut que ſa femme alloit ſe retirer, il demanda au Magiſtrat la permiſſion de l'embraſſer pour lui dire adieu. *Malheureux*, lui dit le Magiſtrat, *qu'oſez-vous demander ? c'eſt donc pour lui donner tout à fait le coup de la mort; contentez-vous du pitoyable état où vous l'avez réduite.* Sa femme ſe levant, il eût le courage de *lui recommander ſes chers enfans, de les élever dans la crainte de Dieu, d'aller à Chartres, d'y voir M. l'Evêque qu'il avoit eu l'honneur de ſaluer à ſon dernier voyage, & de qui il avoit reçu beaucoup d'amitié*; qu'il avoit toujours été son protecteur & qu'il s'en croyoit assez estimé pour espérer qu'il voudroit bien avoir pitié d'elle & de ses enfans. Sa femme le lui promit, & sortit avec un étouffement de cœur inexprimable. On continua de faire encore à *Desrues* quelques interrogations, mais ses réponses ne satisfirent pas plus le Magistrat, que les précédentes. Cependant pressé par la vérité, qui en quelque sorte l'investissoit de toutes parts, & ne lui laissoit aucune issue pour se sauver de l'évidence, il se leve, son Confesseur le suit, & lui parle bas près de la fenêtre pendant près d'un quart d'heure; ayant fini, il revint près du Magistrat, se jetta à ses genoux, & lui demanda pardon de tous les mensonges qu'il avoit soutenus dans le cours de son Procès : il persista toujours à se dire innocent du poison dont on l'accusoit, & finit comme il avoit commencé ; couvrant ainsi par un extérieur de Religion, l'attrocité des crimes dont il étoit convaincu. Il monte à l'échaffaud avec cette sérénité, dont auroit pu s'armer un sage opprimé ou un chrétien, rempli de résignation. Abandonné aux mains de l'Exécuteur, il baisa l'instrument de son supplice; aida à ôter ses habits, & s'étendit luiméme sur la Croix de Saint André. Après avoir embrassé affectueusement son Confesseur, & baisé à plusieurs reprises, le Crucifix, il s'est enfin livré à la mort qui l'attendoit, sans donner le moindre signe de crainte ni d'emportement, (il étoit alors sept heures du soir.) A peine eût-il la tête couverte de sa robe de chambre, qu'il eut les bras, jambes, cuisses & reins rompus : * on l'entendit faire plusieurs cris aigus, mais au neuviéme coup il cessa de se plaindre. Cette exécution faite, on lui découvrit la tête, & l'Exé-

---

* On assure avoir entendu à la place de Greve, pendant le tems de l'exécution, des claquemens de mains réitérés. Cela ne doit pas surprendre les âmes sensibles : c'est un bonheur pour la postérité que l'extinction d'un monstre tel que lui.

cuteur voyant ses yeux fermés, fit remarquer au Confesseur qu'il n'y avoit plus personne; le mouvement de son cœur étant presqu'insensible. Le Confesseur s'étant retiré, on délia *Desrues* de dessus la Croix de Saint-André, & après lui avoir attaché les pieds & les mains ensemble, il fut mis sur le bucher qui devoit le réduire en cendres, la face en dessous: aussi-tôt l'on couvrit son corps de buches & de fagots, auquel on mit le feu. Si dans cet instant, ce misérable respiroit encore, il n'aura presque pas senti la chaleur du feu. C'est ainsi que cet abominable destructeur du genre humain a subi le jugement dû à ses crimes, dont il n'y avoit pas eu d'exemples depuis le commencement de ce siecle.

On peut assurer que ce scélérat, unique dans son espece, méritera d'attacher les yeux de la postérité; jamais criminel ne s'est trouvé plus inaltérable & plus impénétrable. Ce monstre a voulu tromper les hommes jusqu'au bout;

il est cependant convenu qu'il méritoit la mort. Il n'y a qu'un Ciel vengeur qui aura développé toute la profondeur de cette ame, qu'on peut appeller à la fois un prodige d'attrocité & de scélératesse. La mémoire de ce monstre se conservera autant que l'on aura horreur du crime.

Cartouche, *Nivet*, *Raffiat*, *Chabert*, tous ces scélérats effrayans, l'opprobre de l'humanité, qui ont péri sur l'échaffaud, ne réunirent dans leurs forfaits odieux, tant d'attrocité & de profondeur. Peres de famille, que cette histoire, qui fait frémir, soit sans cesse dans vos mains & sous les yeux de vos enfans. Ils y verront que l'ambition & la cupidité des richesses font presque toujours la perte de ceux qui s'y abandonnent.

ANECDOTES.

ON raconte qu'un Bourgeois de Paris, sur la réputation dont *Desrues* jouissoit dans le quartier de la rue Saint-Victor, par l'apparence de sa piété & de ses mœurs, ne crut pas faire un meilleur choix que la Boutique de cet Epicier pour y mettre son fils en apprentissage. Ce qui fut bientôt arrêté, moyennant 1000 liv. que *Desrues* demanda & qu'il reçut comptant en passant le Brevet. Quelques jours après le jeune homme fut initié comme Apprentif; à peine y fut-il que *Desrues* alloit de tems en tems se plaindre au pere, que son fils étoit un vagabond, un vaurien, employant trois heures à faire une commission où il n'en falloit qu'une. *Si cela continue*, lui dit-il, *je serai forcé de le renvoyer*. Le pere ne manquoit pas, chaque fois qu'il voyoit son fils, de le réprimander. Celui-ci s'excusoit toujours, protestant de son innocence & assurant son pere qu'il ne s'amusoit jamais, & qu'il ne savoit pas comment il avoit pû mécontenter son maître : le pere gronda son fils & lui recommanda expressément de faire mieux son devoir à l'avenir. Six à sept semaines à peines écoulées, le pere reçoit une seconde visite de *Desrues* qui, paroissant allarmé, lui dit que son fils étoit un grand coquin, qu'il s'étoit évadé la veille de chez lui, après lui avoir volé 600 liv.; ce dont il venoit de s'appercevoir en voulant payer une lettre de change. Le pere n'ayant pas vu effectivement son fils, fut saisi au discours de *Desrues*, qu'il croyoit honnête-homme; il s'écrie sur les peines que les enfans causent à leur pere; il prie *Desrues* de ne point divulguer cette incartade de son malheureux fils.—*Volontiers, mais ce n'est pas assez*, reprit-il, *il faut me rembourser les 600 liv. qu'il m'a volé, sinon je serai obligé de me plaindre de ce délit chez un Commissaire*. Ce qu'entendant ce bon pere, qui dans ce moment avoit le cœur déchiré de douleurs & les larmes aux yeux, il fatisfit *Desrues*. Ce qu'il y a de remarquable dans cette anecdote, est que le jeune homme n'a point paru depuis, & n'a donné aucune de ses nouvelles à ses parens. Sur le bruit de la détention de *Desrues*, & des crimes dont il étoit chargé, le pere a les soupçons les plus violens que ce monstre aura peut-être empoisonné son fils. L'absence & le silence opiniâtre du jeune homme donnent tout lieu de le penser.

Avant que d'en venir aux grands attentats, *Desrues* avoit commencé par de petits crimes. A peine eut-il acheté le fonds de la Veuve, chez qui il demeuroit, il s'arrange avec un Peintre, très-honnête homme, pour renouveller sa boutique, à raison d'une somme convenue entr'eux, & payable louis à louis. Le Peintre avoit reçu tous les paiemens excepté 24 liv. Cet homme qui a de l'ordre, malgré les quittances qu'il donnoit à *Desrues*, écrivoit chez lui l'argent qu'il en recevoit : Il passa un soir chez son débiteur, & lui demanda le dernier paiement d'un louis. *Desrues*, en ricannant, lui dit : *vous ne vous souvenez donc pas que je vous l'ai payé ; en croirez-vous votre quittance ? Seroit-il possible* dit le Peintre, *que j'eusse oublié de l'écrire sur mon livre ? Il faut que cela soit ; tenez, voyez, reconnoissez-vous ce papier ? — Il est vrai, voilà bien ma quittance*, & se retira en s'excusant. De retour chez lui, il trouve sa femme avec son fils ; il raconte ce qui vient de se passer avec *Desrues*. Sa femme & son fils lui soutiennent qu'il n'en est pas payé, & que *Desrues* lui a fait voir une fausse quittance. Ils projettent de vérifier le fait. Ils font sur le champ avertir *Desrues* de venir chez eux, ayant (à ce qu'ils lui firent dire) à lui donner des nouvelles sur le mariage qu'il projettoit. *Desrues* y court ; on commence par lui demander le reçu des 24 l. qu'il prétend avoir payé : il dit ne l'avoir pas sur lui ; le fils du Peintre, convaincu de la probité de son pere, lui dit qu'il est sûr que la quittance n'est pas de sa main : *Desrues* palit ; dit qu'il est honnête-homme : *eh bien*, dit le fils, *si vous l'êtes, je vous mets au pied du mur : je gage un louis avec vous, que cette quittance n'est pas de mon pere*. Il refuse la gageure. Puisque vous ne voulez pas gager, vous êtes un fripon. Il sort auffitôt d'un cabinet deux témoins de la conversation ; ils menacent de perdre *Desrues* : Celui-ci pour se tirer d'embarras, promet de payer le lendemain : on ne se fie pas à sa parole ; on l'oblige à faire un billet qu'il paya.

Un Apprentif Perruquier porte un jour une perruque à *Desrues* qui, dans le moment étoit occupé, il lui dit de la mettre dans la salle de sa boutique, ce qu'il fit. Le Maître reçut, une heure après, une visite de *Desrues*, qui lui demande s'il connoissoit bien le jeune homme qui sortoit de chez lui : le Maître l'en assura. C'est un joli garçon, dit *Desrues*, *il vient de me prendre une Bague de 200 liv.* Le jeune Perruquier étonné, ne sçait ce qu'on veut lui dire. Le Maître croit *Desrues*, renvoye sur le champ l'Apprentif chez son pere. *Desrues* s'y transporte ; le fils se lamente, se désespere, proteste n'avoir point vû la Bague. *Desrues* prétend qu'on la lui rende, ou la valeur ; le pere fouille son fils, & ne trouvant rien veut entreprendre de le justifier. *Desrues*, menace, tempête, dit que si l'on ne lui paye sa Bague, qu'il va se plaindre : le pere n'a pas d'argent, il demande du tems : *Desrues* l'accorde à peine. Enfin cette affaire parvient aux oreilles du Pasteur, qui connoissant les facultés du pere, propose à *Desrues* de lui donner *cent livres* comptant, & de recevoir douze livres de tems à autres jusqu'à la valeur du restant. Il est à remarquer que *Desrues*, quinze jours avant sa détention a reçu encore douze livres ; il ne reste plus qu'un ou deux payemens semblables à faire : ce dont le pere peut sans doute se dispenser : ce vol n'ayant peut être jamais été fait. C'est donc avec raison que ce misérable s'écria, pendant qu'on lui donnoit la question : *Maudit argent, à quoi m'as-tu réduit !*

FIN.

Fautes à corriger. Page 5, au lieu de ses Cousins, *lisez* les Oncles. Page 9, au lieu de S. Nicolas, *lisez* S. Etienne.

Iû & approuvé ce 5 Mai 1777. DE SAUVIGNY. Vû l'Approbation, permis d'imprimer ce 6 Mai 1777. LE NOIR.

www.ingramcontent.com/pod-product-compliance
Lightning Source LLC
Chambersburg PA
CBHW071315110426
42743CB00042B/2497